Jean-Claude Parfait Ekomi Aboue

Je veux Te Louer

Jean-Claude Parfait Ekomi Aboue

Je veux Te Louer

L'ère de Vrais adorateurs

Éditions Croix du Salut

Imprint

Cover image: www.ingimage.com

Publisher:
Éditions Croix du Salut
is a trademark of
International Book Market Service Ltd., member of OmniScriptum Publishing Group
17 Meldrum Street, Beau Bassin 71504, Mauritius

Printed at: see last page
ISBN: 978-613-7-36971-5

Je veux Te Louer

INTRODUCTION

Que les Cieux proclament, la gloire et le règne du Ressuscité ! Et que les anges, chantent et célèbrent le Dieu d'Israël. Car, IL est Dieu dans tous les âges !

Que toute la Terre confesse que Jésus-Christ est le Seigneur, à la gloire de Dieu le Père !Que la Terre rende à l'Eternel gloire pour son Nom ! Quelle Lui rende gloire pour son si merveilleux Nom !

Que les poissonsexécutent des parades, en nageant vers leur Créateur. Que les oiseaux fassent voler leurs cantiques, vers le Très-Haut. Que les animaux des campagnes accourent, vers le Roi de gloire. Que les Hommes se prosternent, en adoration devant Jésus, l'Agneau de Dieu. Et qu'a l'unissons, la Création toute entière loue, le Seigneur Dieu, le Tout-Puissant, quelle fasse retentir sa voix.

Car, voici <<*Le moment vient, et il est même déjà là, où les vrais adorateurs adoreront le Père en étant guidés par Son Esprit et selon la Vérité ; car tels sont les adorateurs que veut le Père.* >>**Français courant.**

Partie 1 :

La Naissance de la Louange

I) LA NAISSANCE DE LA LOUANGE.

I-1) LA NAISSANCE DE LA LOUANGE DANS LE CIEL.

Jean 1 :1<<*Au commencement était la Parole et la Parole était avec Dieu et la Parole était Dieu*>>**Luis Segond**. (Au commencement, il y avait un Etre qui s'appelait la Parole. Et cet Etre prononça les premiers mots, et cet Etre appelé la Parole est Dieu). Cet Etre appelé la Parole décida de créer un Royaume ; le Royaume des Cieux. Cf.**Gen1:1**<<*Au commencement Dieu Créa les Cieux…* **Luis Segond**. Il créa toutes choses invisibles et... Sa Création était belle, admirable, sans défaut et témoignait Sa grandeur. Cf Ps

Jean 1 :3<<*Toutes choses ont été faîtes par Elle, et rien de ce qui a été fait n'a été fait sans Elle.*>>**Luis Segond**.

(**Psaumes***Dans Son palais tout s'écrie gloire* **Louis Segond**.)

IL créa des êtres à Son service et, organisa le service. Chacun fut à son poste. Le désir de Lui rendre gloire, honneur, puissance, majesté remplissait ces êtres qui Le servaient et, contemplaient Sa Face. Pour répondre à la soif qui était en eux, IL décida alors, de créer Lucifer un ange en charge de la Louange et de l'Adoration dans les Cieux. C'est ainsi que ce Ministère pris naissance dans les Cieux.

Ezechiel 28 :13<<*Tu étais en Eden, le jardin de Dieu ; tu étais couvert de toute espèce de pierres précieuses, de sardoine, de topaze, de diamant, de chrysolithe, d'onyx, de jaspe, de saphir, d'escarboucle, d'émeraude, et d'or ; tes tambourins et tes flûtes étaient à ton service, préparé pour le jour où tu fus créé.*>>**Louis Segond**.

I-2) EVENEMENT SPECIAL.

Après une longue période, un évènement se produisit : Lucifer conçu en lui de vouloir s'élever au-dessus du Très-Haut.

Esaïe 14 :13-14<<*Tu disais en ton cœur : je monterai au Ciel, j'élèverai mon trône au-dessus des étoiles de Dieu ; je m'assiérai sur la montagne de l'assemblée à l'extrémité du septentrion ;*

Je monterai sur les nues, je serai semblable au Très-Haut.>>**Louis Segond**.

Ce qui lui valut d'être précipité sur la Terre.

Apocalypse 12 :7-9<<*Et il y eut guerre dans le Ciel. Michel et ses anges combattirent le dragon. Et le dragon et ses anges combattirent,*

Mais, ils ne furent pas les plus forts, et leur place ne fut plus trouvé dans le Ciel.

Et il fut précipité, le dragon, le serpent ancien, appelé le diable et Satan, celui qui séduit toute la Terre, il fut précipité sur la Terre, et ses anges furent précipités avec lui.>>**Louis Segond.**

Alors Dieu décida de créé une nouvelle espèce, appelée Humanité ; ayant Son image et Sa ressemblance. IL créa l'homme et la femme.

Genèse 1 :26(a)-27<<*Puis Dieu dit faisons l'Homme à notre image et selon notre ressemblance.*

Dieu créa l'Homme à Son image, IL le créa à l'image de Dieu, IL créa l'homme et la femme.>>**Louis Segond.**

I-3) LE PECHE D'ADAM.

Dieu établit l'Homme en Eden. Et le chargea de l'administration de la Terre ; de ce qu'elle renferme.

Genèse 2 :15<<*L'Eternel Dieu prit l'homme, et le plaça dans le jardin d'Eden pour le cultiver et pour le garder*. **>>Louis Segond**.

Genèse 1 :28-29<<*Dieu les bénit, et Dieu leur dit : soyez féconds, multipliez, remplissez la Terre et l'assujettissez ; et dominer sur les poissons de la mer, sur les oiseaux du Ciel, et sur tout animal qui se meut sur la Terre.*

Et Dieu dit : voici Je vous donne toute herbe portant de la semence et qui est à la surface de toute la Terre, et toute arbre ayant en lui du fruit d'arbre et portant de la semence : ce sera votre nourriture. Et cela fut ainsi.>>**Louis Segond.**

Genèse2 :19-20 (a)<<*L'Eternel Dieu forma de la terre tous les animaux des champs et tous les oiseaux du Ciel, et IL les fit venir vers l'homme, pour voir commentil les appellerait, afin que tout être vivant porte le nom que lui donnerait l'homme. Et l'homme donna des noms à tout le bétail, aux oiseaux du Ciel et à tous les animaux des champs.* >>**Louis Segond.**

IL (L'Eternel Dieu) lui donna une recommandation à ne pas violer : Défense de manger de l'arbre de la connaissance du bien et du mal ; de peur de mourir.

Genèse 2 :16-17<<*L'Eternel Dieu donna cet ordre à l'homme : tu pourras manger de tous les arbres du jardin ;*

Mais tu ne mangeras pas de l'arbre de la connaissance du bien et du mal, car le jour où tu en mangeras, tu mourras.>>**Louis Segond.**

Eden était le jardin de Dieu, Sa Présence le remplissait. L'homme vivait dans cette atmosphère de grâce, de paix et de joie ; ne connaissant pas ce que signifiait mourir. C'est pourquoi, il fut instruit par Dieu que le jour où, il mangerait de l'arbre de la connaissance du bien et du mal, il mourrait. Car, dans Son omniscience, Dieu voyait l'intention de Satan de se présenter à l'homme pour le séduire et de le séparer de Lui.

Genèse 2 :17(b)<<*Car le jour où tu en mangeras, tu mourras*>>**Louis Segond.**

Nous notons cependant que dans **Genèse2 :9(b)**que l'Eternel Dieu fit pousser l'arbre de la Vie au milieu du jardin. Montrons par-là, Sa volonté de demeurée éternellement avec l'Homme ; de par l'amour et l'attention qu'IL avait pour lui.

Psaumes 8 :4-9<<*Quand je contemple les Cieux, ouvrage de tes mains, la lune et les étoiles que tu as créées :*

Qu'est-ce que l'homme, pour que Tu Te souviennes de lui ? Et le fils de l'homme, pour que Tu prennes garde à lui ?

Tu l'as fait de peu inférieur à Dieu, et Tu l'as couronné de gloire et de magnificence.

Tu lui as donné la domination sur les œuvres de Tes mains, Tu as tout mis sous ses pieds>>**Louis Segond.**

Jean 3 :16(a)<<*Car Dieu a tant aimé le monde (hommes) qu'IL a donné Son Fils (Jésus)*>>**Louis Segond.**

Et qu'en retour, l'homme puisse par amour pour Lui se lier éternellement à Lui, en mangeant l'arbre de Vie qui était au milieu du Jardin.

Cependant, l'homme désobéit au commandement de Dieu et perdit la domination et les privilèges qu'étaient les siens. **Gen3 :1-6(a)** Séduction du serpent, **Gen3 :6(b)** Désobéissance de l'homme, **Gen3 :7-11** Séparation de l'homme d'avec Dieu.

Ainsi l'atmosphère de paix, de grâce, de gloire fut ravie. La paix laissa place à la peur. Pour la première fois, on constate **Genèse 3 :7-11** que l'homme se cacha de Dieu. Et qu'il eut peur. Le voleur étant passé par là, il lui arracha la gloire, l'autorité et les grâces qui étaient son partage.

Jean 10 :10(a)<<*Le voleur ne vient que pour dérober, égorger et détruire.*>>**Louis Segond**

Mathieu 4 :8-9 <<*Le diable Le transporta encore sur une montagne très élevée, Lui montra tous les royaumes du monde et leur gloire.*

Et Lui dit : je Te donnerai toutes ces choses, si Tu Te prosternes et m'adores.>>**Louis Segond.**

Ces passages montrent bien que, la gloire et les grâces qui étaient le partage de l'homme lui avaient été ravies. C'est pourquoi Satan proposa cela à Jésus, avec pour but de le pousser à la faute. Et par la même occasion de devenir, le maître de Dieu. Puisqu'il l'aurait obtenu de manière légale.

Nous rappelons que nous sommes toujours dans la naissance de la Louange. La tentation du Seigneur dans le désert était décisive dans l'histoire de toute la Création.

Revenons au péché de l'homme, l'atmosphère de gloire qui caractérise le Ciel, symbole de la Présence de Dieu, de Son règne, de Sa majesté, Sa grandeur, Sa magnificence, Son éternité avait quitté l'homme. Et, il fut revêtu d'un nouvel habit ; d'un habit de mort, de sécheresse spirituelle au point où son quotidien devenait chaotique. Son habitat naturel devait forcement changé. Mais aussi, que ses ressources seraient amoindries

Genèse 3 :17-19 <<*IL dit à l'homme : puisque tu as écouté la voix de ta femme, et que tu as mangé de l'arbre au sujet duquel Je t'avais donné cet ordre : tu n'en mangeras point ! Le sol sera maudit à cause de toi. C'est à force de peine que tu en tireras ta nourriture tous les jours de ta vie ;*

Il te produira des épines et des ronces, et tu mangeras de l'herbe des champs.>>**Louis Segond**

Genèse 6 :5<<nous montre que la séparation du cœur de l'homme avec Dieu était consommée et que la méchanceté avait accrue.

L'Eternel vit que la méchanceté des hommes était grande sur la Terre, et que toutes les pensées de leur cœur se portaient vers le mal.>> **Louis Segond.**

En un mot, l'homme avait péché et, était privé de la gloire de Dieu cf **Romains 3 :23**

Résumé

Dans la partie précédente, nous avons vu l'impact du péché dans la vie de l'Homme et sa conséquence qui a été la séparation d'avec Dieu.

Maintenant, rentrons dans la compréhension de la Louange sur la Terre.

I-4) La Louange sur la Terre

La Louange sur la Terre nait du quotidien de l’homme ; de ses difficultés et de son désir de voir changer son quotidien. Quand **l’Ecclésiaste** dit en son **chapitre 2 : 17**<<*J’ai haï la vie, car ce qui se fait sous le soleil m’a déplu*>>**Louis Segond,** montre par là qu’il y a un lieu de repos qui n’est pas dans l’activité. Mais qui s’en fait ressentir. David même à cause de son quotidien affirma ceci *Je suis dans la joie quand : on me dit allons à la maison de l’Eternel* **Psaumes 122 :1 ;** End’autres termes, il soupire ou prend plaisir à être avec Lui. Car, Sa seul Présence dissipe les craintes. A juste titre, les fils de Koré disent : <<*Mieux vaut un jour dans Tes parvis, que mille ailleurs*>>**Psaumes 84 :11.**

Arrêtons-nous un instant sur ce psaume les versets 1-2 témoignent de cette joie affable, de ce bien être qu’il y a dans la Présence de Dieu. Où, même les oiseaux et les animaux reçoivent de Lui grâce et bonté. Ce lieu de repos, Dieu l’a placé dans la pensée de l’Homme. Comme souvenir afin, d’aspirer à Sa Présence.

<<*IL fait toute chose bonne en son temps ; même IL a mis dans le cœur la pensée de l’éternité. Bien que l’homme ne puisse pas saisir l’œuvre que Dieu fait du commencement à la fin.*>>**Ecclésiaste 3 :11.**

Lorsque les fils de Koré pour poursuivre notre étude sur le psaume 84 chante <<*Heureux ceux qui habitent Ta maison ! Ils peuvent encore Te célébrer.*

Heureux ceux qui placent en Toi leur appui ! Ils trouvent des chemins tout tracés.

Lorsqu’ils traversent la vallée de Baca, ils la transforment en un lieu plein de sources. Et la Pluie la couvre de bénédictions.>>**Versets 5-7**

Leur cœur se remplit de louanges de ce que leur espérance devient réalité. Dieu les exauce et les sort des situations impossibles à vaincre sans Son intervention. D’ailleurs, le peuple d’Israël en captivité en Egypte en est un exemple, en son chapitre 1. Le livre d’Exode nous rapporte le résumé du quotidien du peuple en esclavage depuis 400 ans.

Versets 9-14<<*Les égyptiens réduisirent les enfants d'Israël à une dure servitude. Ils leur rendirent la vie amère par de rudes travaux ... C'était avec cruauté qu'ils leur imposaient toutes ces charges*

Et les enfants d'Israël gémissaient encore sous la servitude et poussaient des cris. Ces cris, que leur arrachait la servitude montèrent jusqu'à Dieu.

Dieu entendit leur gémissement et Se souvint de Son Alliance avec Abraham, Isaac et Jacob.>>**Exode 2 :23-24**.

Alors IL suscita Moise pour libérer Son Peuple. Je vous épargnerai certains faits de cette libération qui rendrait l'étude plus longue. Attardons-nous sur la sortie du Peuple d'Egypte et l'après sortie.

Déjà, juste à vous rappeler qu'un peuple en esclavage est un peuple impuissant devant le tyran. Dans le **chapitre14 : 5-12** Nous voyons la menace de pharaon, son armée, ses chars d'élite devant le peuple qui n'avait pas connu la guerre : une situation des plus compliquées, un imbroglio pour le peuple. La réaction du Peuple aux **versets 10-12** témoigne de cet état de crainte. Les **versets 13-14** confirment que le secours humain ne pouvait rien. Seul l'Eternel pouvait les sortir de cette situation. Les **versets 18-31** nous racontent la stratégie révélée et employée par le Seigneur pour délivrer le Peuple de pharaon. Et de la défaite infliger à pharaon. Ainsi, Dans le **chapitre 15 :1-21** la louange est monté du cœur du Peuple, jusqu'à ses lèvres.

<<*Alors Moise et les enfants d'Israël chantèrent ce cantique à l'Eternel. Ils dirent : je chanterai à l'Eternel, car IL a fait éclater Sa gloire ; IL a précipité dans la mer le cheval et son cavalier*>>**Verset 1**

<<*De celui qui mange est sorti ce qui se mange, et du fort est sorti le doux.*>>**Juge 14 :14**

C'est-à-dire de cette difficulté est sortie la bénédiction. Et de cette opposition la louange.

Nous nous arrêterons par là en ce qui concerne la naissance de la Louange sur la Terre. Nous retiendrons donc que, le désir de sortir du joug de la mort et l'intervention du Seigneur a fait naître la Louange dans le cœur de l'Homme.

PARTIE 2 :

LA LOUANGE

II- LA LOUANGE

Tout d'abord, je tiens à signaler au chantre qui me lit que cette partie sera bien longue en détails. Et que c'est la Volonté du Seigneur que cela soit ainsi. IL me demande de le faire dans les profondeurs. C'est pourquoi, suivez-moi patiemment, nous y arriverons jusqu'au but voulu par Jésus Notre Seigneur. Et la Louange sera perçue différemment, à la gloire et à la louange de Son Nom.

II- 1) LES DIFFERENTES RUBRIQUES DE LA LOUANGE

La ***LOUANGE*** est un domaine assez vaste qui ne peut pas être enseigné sur un Livre ; aussi vrai que Notre Dieu est infiniment grand. Et que malgré l'éternité passée en Sa Présence, les anges dans le Ciel s'émerveillent de toujours découvrir les choses qu'ils ignoraient. Apocalypse 4 :8-9,11.

Nous verrons un élément de ce puzzle qu'est la Louange. Car, je me joins à Paul pour dire :

*<<Aujourd'hui je connais partiellement. Mais alors, je connaîtrai comme j'ai été connu>>***I Corinthiens 13 :12.**

Donc, nous parlerons bien de la Louange que nous classerons en huit rubriques que sont :

1-Foi

2-Fierté

3-Espérance

4-Fidélité

5- Reconnaissance

6-Joie

7-Beauté

8-Grandeur

II-1) La Foi

Alors la foi qu'est-ce que c'est ? Bon on va traduire la foi par ce petit mot pas compliqué à retenir Confiance ; confiance en Jésus. Quand, vous avez la foi, cela signifie que vous faites confiance à Jésus. Ne pas avoir cette confiance en vous, signifie que vous n'avez pas la Foi.

<<*Quand le Fils de l'Homme reviendra sur la Terre, trouvera-t-il encore la Foi ?*>>**Cf Mathieu** Des hommes et des femmes qui Lui font toujours confiance ? Des hommes et des femmes qui seront prêts à tout endurer, à cause de leur confiance en Jésus. C'est l'un des piliers majeur de la marche avec Jésus.

La jumelle de la Foi, est la persévérance. Elles ne se lâchent jamais, disons jamais l'une sans l'autre. Evidemment, si vous persévérez, c'est que vous restez ferme dans votre foi ; dans votre assurance en Jésus. Car, celui qui abandonne la Foi, a renié la fidélité de Jésus, Sa toute-puissance. En d'autres mots, il a évalué Les capacités du Seigneur, il L'a pesé et L'a trouvé menteur. La limite de Jésus apparait donc, à ses yeux.

Donc quand, le Seigneur Jésus dit aux disciples <<*gens de peu de foi*>>**cf Mathieu 8 :26** cela signifie que, vous ne Me faîtes toujours pas confiance jusqu'à présent.

Et, lorsqu'il dit à la femme à la perte de sang <<*ta foi t'a guéri.* >>**cf Mathieu 9 :22** Cela signifie simplement que c'est à cause de la confiance que tu as eu en Moi, que J'ai opéré ce miracle

Ouvrons nos Bibles et lisons relevé ci-dessous.

Psaumes 25 :10<<*Tous les sentiers de l'Eternel sont bienveillance et fidélité. Pour ceux qui gardent Son Alliance et Ses préceptes.*>>

Psaumes 33 :4<<*Car, la Parole de l'Eternel est droite et toutes Ses œuvres s'accomplit avec fidélité.*>>

Psaumes 89 :15<<*La justice et le droit sont la base de Ton trône. La bienveillance et la vérité se tiennentdevant Ta Face.*>>

Psaumes 119 : 86<<*Tous Tes commandements ne sont que fidélités. On me persécute à tort, secours moi.*>>

Psaumes 119 :90<<*Ta fidélité dure de génération en génération. Tu as affermi la Terre et elle subsiste.*>>

Dîtes comme elles sont mentionnées, avec c*onfiance* ces paroles honorent notre Dieu. Elle le pousse à intervenir en notre faveur. Elles Lui frayent le chemin pour une intervention dans notre quotidien.

Je vais circonscrire ma pensée à ces quelques phrases en ce qui concerne la rubrique Foi.

II-2) LA FIERTE

Cette fois-ci, parlons un peu de la fierté. Moi, je suis fière d'appartenir à Jésus ! Vous aussi je l'espère ? Evidemment ayant été formé en Lui, par Lui, pour Lui. Oups ! Je m'aventure un peu trop loin. On étudie d'abord les rubriques. Et par la suite, il nous sera plus aisé de comprendre la Louange.

Ouvrez avec moi vos Testaments (Bible). Et, regardons ensemble ce que nous enseigne le Saint-Esprit.

Exode 15 :2-3<<*L'Eternel est ma force et l'objet de mes cantiques.IL est devenu mon Salut. IL est mon Dieu : je veux Lui rendre hommage. L'Eternel est un guerrier, l'Eternel est Son Nom*>>

Psaumes 79 :13<<*Et nous Ton Peuple, le troupeau de Ton pâturage nous Te célébrerons éternellement ; de génération en génération nous redirons Ta louange.*>>

Psaumes 18 :32<<*Car ; qui est Dieu si ce n'est l'Eternel, qui est un Rocher si ce n'est notre Dieu ?*>>

ISamuel 17 :26 (b)<<*Qui est donc ce philistin, cet incirconcis pour lancer un défi aux troupes du Dieu vivant.*>>

Psaumes 10 :16 (a)<< *L'Eternel est roi a toujours et à perpétuité.*>>

Psaumes 20 :8-9<<*Les uns, c'est à leurs chars, les autres c'est à leurs chevaux. Mais nous, c'est au Nom de l'Eternel notre Dieu que nous faisons appel. Eux ils plient et ils tombent ; mais nous nous sommes debout et nous tenons ferme.* >>

Vous l'avez bien vu et remarqué comme les auteurs de ces écrits sont fiers de Dieu (Jésus). <<*De l'abondance du cœur la bouche parle*>>**Mathieu 12 :34**. En d'autres termes, nous n'avons pas besoin d'autres soutient Jésus seul nous suffit.

Un peu de moi

En ce moment, j'essaie un peu de me concentrer dans l'écriture du Livre. Tout comme Néhémie qui rebâtissait la muraille de Jérusalem épée à sa droite et matériau de construction à sa gauche avec tout son peuple, eh bien moi aussi, je suis sur deux fronts : l'écriture et le combat. Donc, si vous me lisez priez aussi pour moi.<<*Deux valent mieux qu'un.*>>**Cf Proverbes**.

J'aimerai également prier pour vous avant de poursuivre notre étude. Pour vous qui avez été choisi par Jésus et qu'IL a établi.

Prière :

Père me voici, ainsi que mes frères et sœurs qui lisent ce livre. Tu as mis en eux cette soif de Te connaitre ; selon qu'il est écrit la Vie éternelle c'est qu'ils Te connaissent Toi le seul vrai Dieu. Et Celui que Tu as envoyé Jésus-Christ. Cf **Jean 17 :3**. Ceci, afin d'accomplir Ta volonté. Ma prière pour eux comme pour moi, est que Tu étanches notre soif. Jésus Ton Fils nous a transmis tes paroles. Celui qui boira l'Eau qu'IL nous donne n'aura plus jamais soif ; soif du monde. Ô ! Fais-le davantage dans nos vies. Pour la seul gloire de Ton Nom.

Au Nom de Jésus, Amen !

IL l'a fait. Et c'était nécessaire pour plus de profondeur.

I Jean 5 :14-15<<*Voici l'assurance que nous avons auprès de Lui ; si nous demandons quelque chose selon Sa volonté, IL nous écoute. Et si nous savons qu'IL nous écoute quoique ce soit que nous demandions, nous savons que nous possédons ce que nous avons demandé.* >>

II-3) LA FIDELITE

Nous voilà au troisième point. Et, il faut que tu te souviennes que <<*Jésus est le même hier, aujourd'hui et éternellement*>>**Hebreux 13 :8.** Et qu'IL est digne de ta confiance. Tu peux donc compter sur Lui ; pour accomplir Sa Promesse dans ta vie. Car, IL est fidèle.

Nous allons donc toi et moi nous appuyer sur cette vérité. Maintenant, Observons les différents passages sélectionnés.

Psaumes 16 :7<<*Je bénis l'Eternel mon Conseiller, la nuit même mon cœur m'exhorte.*>>

Psaumes 3 :25<<*J'ai été jeune, j'ai vieilli ; et je n'ai pas vu le juste abandonné, ni sa descendance mendiant son pain.*>>

Psaumes 88 :12<<*Redira-t-on Ta bienveillance dans le tombeau, Ta fidélité dans l'abîme de perdition.*>>

Psaumes 100 :5<<*Car l'Eternel est bon ; Sa bienveillance dure toujours, et Sa fidélité de génération en génération.*>>

Psaumes 119 :75<<*Je reconnais Eternel que Tes jugements sont justes. C'est par Ta fidélité que Tu m'as humilié.*>>

Après lecture de ces quelques versets, il apparait que le fait est là devant nous Dieu est fidèle. Et chacun en a fait l'expérience plusieurs fois. C'est pourquoi en cette énième épreuve des paroles qui rappellent la fidélité de Dieu monte de leur cœur vers leur bouche. Assurément, cela ressemble à de la louange.

J'espère que vous apprécier la promenade. Elle est nécessaire afin de répondre à la soif du Père qui cherche de Vrais adorateurs qui L'adorent en esprit et en vérité. **Cf Jean 4 :23.**

Retenons : S'exprimer simplement est une chose. Penser ce que l'on dit en est une autre.

Au moment, même où j'écris ce livre, je suis environné d'une multitude de témoins ; les anges de notre Seigneur Jésus qui m'accompagne dans l'œuvre à laquelle j'ai été appelé. Sans oublier, le diable qui lui cherche à me distraire comme toujours. C'est qu'il est non seulement plein de haine et de jalousie. Mais également, voudrait que ce livre ne sorte pas, il cherche comment, il pourrait introduire une hérésie. C'est le Diable tout craché. Bof ! J'ai la Vie de Jésus en moi. J'ai Son Esprit, Sa nature, Sa capacité. Donc, tous ce qui doit être révélés au-travers de ce livre le sera. Pour la gloire de Jésus !

Au passage Jésus est aussi mon Grand-Frère. Pour ceux qui sont à ce stade de la communion, ils comprennent ce que je dis par cette phrase.

II-4) L'ESPERANCE

Quelle situation compliquée par laquelle, je suis passé ! Sans secours humain ; pour intervenir en ma faveur. Des problèmes d'ordre spirituel qui laissent paraître leurs dégâts sur le plan naturel. Une traversée d'un désert chaud, brulant, ardent comme un volcan qui engloutit tout sur son passage. Au point où, j'avais perdu la mémoire. Et, était devenu semblable à une rame de papier blanche et vierge. Les noms de mes proches avec qui j'avais vécu plus de vingt ans dans la même maison n'étaient plus dans mon souvenir. Universitaire, je n'étais plus capable de travailler avec des élèves de classe de CM. Ajouter à cela, le fait que de 2009-2011 j'ai dormi en moyenne deux heures par jour. Je n'ai ri que deux fois en deux ans. Chaque soir des serpents, des esprits, des hommes m'attaquaient (mystiquement). De jour comme de nuit, il ne sait pas passé un seul jour ou nuit, une seule minute ou seconde que je n'ai été agressé spirituellement.

Déjà ma tête était devenue un fourre-tout. On y retrouvait du béton, des esprits, des épingles, des lianes, des eaux d'une puanteur enveloppées d'une noix de coco.Ce que je vis et su après délivrance. Car, le Saint-Esprit me montrait par Sa grâce les liens dans lesquels j'étais. De 2009-2015 il n'y avait aucune porte ouverte dans ma vie. Le bout du tunnel ne se voyait pas. De grosses ténèbres m'environnaient. Je ne savais plus ce qui était préférable pour moi, dormir ou rester éveiller. Le chômage, la précarité, l'abandon, l'échec tout semblait contre moi. Mais, au-delà de tout cela, mon espérance en Jésus a été mon point d'encrage, jusqu'à ce que parut ma délivrance.

Revenons maintenant, à notre étude. Il était bon aussi que vous sachiez cela.

Espérer, c'est désiré que notre situation change positivement. C'est s'attendre à quelqu'un qui porterai le costume du sauveur. Mais, je tiens à rappeler *Que*

<<Le salut ne se trouve en aucun autre ; car il n'y a sous le Ciel aucun autre nom par lequel nous sommes sauvés.>> **Actes 4 :12**

Et, si les hommes interviennent en autre faveur, c'est par la volonté de Dieu. Bon, je dirai du Père. Car, je m'adresse à des enfants du Royaume. Père suppose une relation ou encore une communion. Alors que Dieu, un Être au-dessus de tout. Grand, Puissant. Mais que l'on ne peut connaitre, voire approcher. Pour nous nous efforcerons à dire Père ; par l'action du Saint-Esprit.

Proverbes 21 :1*<<Le cœur du roi est un courant d'eau dans la main de l'Eternel. IL l'incline partout où IL veut.>>*

Donc, nous avons un seul qui agit en notre faveur à travers des hommes : Jésus notre Seigneur et Sauveur.

Maintenant, je vous invite à regarder les passages sélectionnés pour notre étude.

II Rois 20 :3*<<De grâce, Eternel ! Souviens-Toi que j'ai marché devant Ta Face avec fidélité et intégrité de cœur, et que j'ai fait ce qui est bien à Tes yeux ! Et Ezéchias répandit des pleurs abondant.>>*

Psaumes 42 :6*<<Pourquoi t'abats-tu mon âme et gémis tu sur moi ? Attends-toi à Dieu. Car, je Le célébrerai encore pour Son salut.>>*

Psaumes 42 :11*<<Mes os se brisent quand mes adversaires me déshonorent, en me disant tout le temps : où est Ton Dieu ?>>*

Psaumes 44 :2-5*<<Ô Dieu ! Nous avons entendu de nos oreilles, nos pères nous ont raconté l'œuvre que Tu as accomplie de leur temps aux jours d'autrefois... C'est Toi qui es Mon Roi, Ô Dieu : ordonne le salut de Jacob.>>*

Psaumes 17 :5*<<L'Eternel est Mon partage et Ma coupe ; c'est Toi qui assure mon lot.>>*

Psaumes 86 :15-17*<<Mais Toi, Seigneur, Tu es un Dieu lent à la colère, riche en bienveillance et en fidélité : tourne vers moi les regards et fais-moi grâce... Opère un signe en ma faveur ! Que ceux qui me haïssent le voient et soient honteux ! Car, c'est Toi Eternel qui me secours et me consoles.>>*

Lamentations 3 :21-22*<<Souviens Toi de mon humiliation et de ma vie errante, de l'absinthe et du poisson. Mon âme s'en souviens bien, elle est abattue au-dedans de moi. Voici ce que je veux repasser en mon cœur c'est pourquoi j'espère : C'est que la bienveillance de l'Eternel n'est pas épuisée. Et que ses compassions ne sont pas à leur terme. Elles se renouvellent chaque matin. Grande est Ta fidélité !>>*

Des situations critiques dans lesquelles se trouvaient les auteurs de ces passages, un seul fait ressortait : nous sommes incapables de nous-même. Mais, souviens-Toi que Tu es le Seigneur. Que nos regards sont sur Toi. Vas-Tu nous laisser ainsi, nous qui espérons en Toi ? Ici aussi, nous voyons l'expression caché de la Louange. Nous allons la traduire pour notre plus grand bien :

A Toi Seigneur, rien n'est impossible, nous croupissons sous le poids de l'épreuve. Mais, nous nous souvenons que nous T'appartenons. Et que Tu es avec nous : interviens donc en faveur des tiens. Et montre les, que nous avons un appui et pas n'importe quel : Le Seigneur de la Création.

Voyez comme ces paroles que nous avons vu, sont si profondes et honorent notre Père. Elles Le poussent, à prendre des décisions radicales, pour montrer à nos ennemis que nous sommes au bénéfice de Sa grâce.

II-5) LA RECONNAISSANCE

Ah ! Oui, la reconnaissance !

<<*Rendez à l'Eternel gloire pour Son Nom.* >>, Car sans Son Nom, vous n'auriez pas eu le secours de l'Eternel. **Psaumes 91 : 14**<<*Puisqu'il M'aime, Je le délivrerai ; Je le protégerai, puisqu'il connait Mon Nom*>>.

Oui, la reconnaissance est le fait, de se souvenir que sans l'intervention de Jésus par le canal de … Je serai encore à croupir dans cette situation. Ou, j'aurai pu mourir et me retrouver en Enfer avec le Diable. Qui lui, ne se serait pas fait prier pour me torturer, selon la fantaisie de sa pensée. Avec, les vers comme collègues indésirables et éternels.

Voilà pourquoi, je ne cesse de rendre grâce au Père pour Jésus. C'est-à-dire, Lui dire sans cesse merci quand, je m'en souviens.Car, <<*L'amour de Dieu a été manifesté envers nous en ce que Dieu a envoyé Son Fils unique dans le Monde, afin que nous vivions par Lui.*

Et cet amour consiste, non point en ce que nous avions aimé Dieu, mais en ce qu'IL nous a aimés et a envoyé Son Fils comme victime expiatoire pour nos péchés>>**I Jean 4 : 9-10**,

La reconnaissance témoigne que je suis dépendant de la grâce du Père, de Ses bontés, de Ses faveurs et compassions. Manquer de reconnaissance, témoigne que vous pouviez réussir ou pouvez réussir sans l'aide de Jésus. C'est prétentieux de votre part si vous êtes dans ce cas ! Bon, je le pense quoi !

Bon regardons les passages sélectionnés pour notre étude :

Hébreux 12 :28 <<*Puisque c'est un Royaume inébranlable que nous sommes sur le point de recevoir, attachons-nous fortement à la grâce qui nous est faite, et témoignons à Dieu notre reconnaissance en Le servant de la manière qui Lui est agréable, dans la soumission respectueuse et la crainte (de Lui déplaire)*>>**Parole Vivante**.

Romains1 :8<<*je vous dirai d'abord que, partout où je vais, j'entends parler de votre foi. Combien je remercie Dieu par Jésus-Christ pour le bon témoignage que vous rendez tous !*>>**Parole Vivante**.

Romains 6 :17<<*Mais grâces soient rendues à Dieu de ce que, après avoir été esclave du péché, vous avez obéi de cœur à la règle de doctrine dans laquelle vous avez été instruis.* >>**Scofield 1996**.

Romains 14 : 6<< *Celui qui distingue entre les jours agit ainsi pour le Seigneur. Celui qui mange, c'est pour le Seigneur qu'il mange, car il rend grâces à Dieu ; celui qui ne mange pas, c'est pour le Seigneur qu'il ne mange pas, et il rend grâces à Dieu.* >>**Scofield 1996.**

Actes 26 : 22<< Mais jusqu'à ce jour, Dieu m'a protégé, de sorte que je vis toujours et que je peux continuer à rendre mon témoignage aux petites gens comme aux puissants de ce monde. D'ailleurs, j'annonce seulement ce que les prophètes et Moise ont prédit, rien de plus >>**Scofield 1996.**

Ephésiens 5 : 20 << *Où que ce soit, à tout moment et pour toutes choses, apportez à Dieu le Père l'hommage de votre reconnaissance au Nom de notre Seigneur Jésus-Christ.* >>**Parole Vivante**.

Philippiens 4 : 6 **<<***N'entretenez aucun souci. En toute situation, exposez vos besoins et vos souhaits à Dieu, en les Lui faisant connaître dans vos prières. Intercédez avec confiance et sérieux, exposez vos requêtes avec précisions, sans oublier d'exprimer aussi votre reconnaissance.* >>**Parole Vivante**.

Même devant un malheur, vous devez être capable de rendre grâce à Dieu. Lui dire merci. Car, cela ne vous a pas tué. Et, si cela ne vous a pas tué c'est que Dieu a encore une histoire à écrire avec vous. Pourvu que vous soyez reconnaissant.**Cf Job 1 : 13-22**.

Job 42 : 10,12-13<<*L'Eternel rétablit Job dans son premier état, quand Job eut prié pour ses amis ; et l'Eternel lui accorda le double de tout ce qu'il avait possédé.*

Pendant ses dernières années, Job reçut de l'Eternel plus de bénédictions qu'il n'en avait reçu dans les premières. Il posséda quatorze mille brebis, six mille chameaux, mille paires de bœufs et mille ânesses.

Il eut sept fils et trois filles. >>**Scofield 1996**

II-6) LA GRANDEUR

Nous allons parler de la grandeur. La grandeur est attachée à l'humilité. Être humble s'est être effacé. En d'autres mots ; apparaître sur la scène quand le besoin frappe à votre porte et que l'on vous sollicite. Vous me direz pourquoi ? C'est assez simple, car si nous comprenons que seul le Père élève, nous éviterons de nous faire voir, d'être imbus de notre personne. Et, si un homme est humble, c'est qu'il en connait beaucoup ; c'est qu'il est grand.

Il n'y a pas de quoi faire un tapage pour un professeur de Maths d'avoir à enseigné les Maths à son élève. C'est tout à fait normal qu'il le fasse. Car, il a, la connaissance requise pour le faire. Par contre, l'élève sur un devoir ou plusieurs se vanterai d'être intelligent ou doué bien qu'en comparaison à son professeur, il lui soit inférieur.

L'humilité est la marque des grands. Et, notre Père << *Fais grâce aux humbles mais résiste aux orgueilleux*>>Ton humilité favorise ton élévation.

La grandeur a toujours pour ennemi l'orgueil. Cette parole est plein de sens réfléchissez là-dessus.

Quand j'y pense, la grandeur est aussi, la supériorité d'une personne sur un groupe qui repose sur sa capacité à changer les situations impossibles aux autres. Ceci, par Sa sagesse, Sa connaissance, par Sa force, Son intelligence et Sa toute-puissance. Cette Personne est le Père au travers de Son Fils (ou ses fils) par le Saint-Esprit. Vous avez reconnu de qui je parle : Jésus et ses frères et sœurs.

Job 32 : 6-10 (a) *<<Elihu, fils de Barakel de Buz, prit la parole et dit : Je suis jeune, et vous êtes des vieillards ; c'est pourquoi j'ai craint, j'ai redouté de vous faire connaître mon sentiment.*

Je disai en moi-même : les jours parleront, le grand nombre des années enseignera la sagesse.

Mais en réalité, dans l'homme, c'est l'esprit, le souffle du Tout-Puissant, qui donne l'intelligence ;

Ce n'est pas l'âge qui procure la sagesse, ce n'est pas la vieillesse qui rend capable de juger.

*Voilà pourquoi je dis : écoute>>***Scofield 1996**

Vous voulez encore d'autres explications. Je comprends, on ne peut être que ce que le Père a décidé que nous sommes. *Je suis ce que Dieu dit que je suis* **cf**. Parler de ce sujet signifie que je suis grand. Le Seigneur m'en a rendu personnellement témoignage.

Être grand signifie, établir le Royaume par notre seul présence. En tout lieu, où nous nous trouvons le Ciel se met en mouvement afin que, Jésus soit glorifié. Et que l'ordre divin soit rétabli.

<<*Notre Père qui es aux Cieux. Que Ton Nom soit sanctifié. Que Ton règne vienne. Que Ta volonté soit faite sur la Terre comme au Ciel.*>>**Mathieu 6 :9-10**

A qui le Père délègue une telle mission ? Bien évidemment à Son Fils ou ses fils.

Jésus leur répondit : <<en vérité, en vérité Je vous le dis quiconque commet le péché est esclave du péché. Or, l'esclave ne demeure pas toujours dans la maison ; le Fils (et les fils) demeure(nt) pour toujours. Si donc, le Fils (fils sous l'autorité délégué de Jésus) vous rend libres, vous serez réellement libre.>>**Jean 8 :34-36.**

Car, le Fils est l'image parfaite et les fils le sont à une exception près : ils n'ont pas encore reçu la rédemption de leur corps. Néanmoins, Jésus se sert de ses frères et ses sœurs pour établir le Royaume.

Je n'ai pas oublié que nous traitons de la Louange. Mais, simplement sachant que je suis conduis par le Saint-Esprit, pour écrire cela, je dirais cela vous est en bénédiction. C'est pourquoi, je vous ai dit cette partie serait longue en tout début.

Jésus veut s'adresser à Ses frères et sœurs : <<*Je veux un service de qualité. Et cela passe par une bonne compréhension des différentes notions. C'est pourquoi réjouissez-vous ; car c'est pour un service de qualité qu'il vous enseigne ces choses.*>>

Bien ! Passons à notre étude. Ensemble avec moi nous verrons comment des paroles qui élèvent et glorifient Dieu pousse notre Père à intervenir en notre faveur. Si je dis à Jésus c'est aussi correct. Car, le Père a établi Jésus Seigneur de toute la Création.

<<*Que toute la maison d'Israël sache donc avec certitude que Dieu a fait Seigneur et Christ ce Jésus que vous avez crucifié. C'est pourquoi après avoir été élevée à la perfection, IL est devenu pour tous ceux qui Lui obéissent*

l'Auteur d'un salut éternel.>>**Hébreux 5 :9**. Et donc, qu'IL peut intervenir dans des situations de crises et de difficultés.

Lisons maintenant tour à tour les passages sélectionnés pour notre étude.

Exode15 :7<<*Par la grandeur de Ta Majesté, Tu renverses ceux qui se dressent contre Toi ; Tu déchaines l'ardeur de Ta colère : Elle les dévore comme du chaume.*>>

Psaumes 48 :2<<*L'Eternel est grand, IL est l'objet de toutes les louanges. Dans la ville de notre Dieu, sur Sa montagne sainte.*>>

Psaumes 78 :1-4<<*Mon Peuple prête l'oreille à Mon enseignement ! Tendez l'oreille aux paroles de Ma bouche. J'ouvre la bouche par une parabole, J'énonce les énigmes des temps anciens ce que nous avons entendu, ce que nous connaissons, ce que nos pères nous ont redit, nous ne le dissimulerons pas à leur fils. Redisant à la génération future les louanges, Et Sa puissance, et les miracles qu'IL a opéré.*>>

Psaumes 89 :7(b)-9<<*Qui est comparable à l'Eternel parmi les fils des dieux ? Dieu est terrible au grand conseil des saints, redoutable pour tous ceux qui l'environnent. Eternel des armées qui est comme Toi puissant, Eternel ?*>>

Psaumes 135 : 6<<*Tout ce que l'Eternel veut, IL le fait dans les Cieux et sur la Terre, dans les mers et dans tous les abîmes.*>>

Psaumes 99 :1-4<<*L'Eternel règne : les peuples tremblent. IL siège entre les chérubins, la terre chancelle. L'Eternel est grand dans Sion, c'est Lui qui est élevé au-dessus de tous les peuples. Qu'on célèbre Ton Nom grand et redoutable.*>>

Psaumes 94 :22<< *Mais l'Eternel est ma forteresse, mon Dieu est le Rocher de mon refuge.*>>

I Rois 18 :39(b)<<*C'est l'Eternel qui est Dieu ! C'est l'Eternel qui est Dieu !*>>

Actes 4 : 12<<*Le salut ne setrouve en aucun autre. Car, il n'y a sous le Ciel aucun autre nom donné parmi les hommes par lequel nous devions être sauvés.*>>

Toutgenoufléchira, toute langue confessera que Jésus Christ est le Seigneur.

Je vois bien qu'il y' a plusieurs notions qui défile en moi. Mais, je vais m'en tenir d'abord à ce que nous étudions. Et faire par la suite une étude progressive.

Waouh ! Quel Dieu impressionnant, tout-puissant que nous servons ! Observer bien ces passages. Il y'a une forte opposition, un ennemi coriace. Mais, nous le mettons à sa place. En lui disant : stop tes simulacres. C'est Jésus qui règne et IL habite en nous. Et, s'IL est pour nous qui sera contre nous. **Cf Romains 8 :31**. En d'autres termes, tu finiras par te ranger de notre côté, en reconnaissant que Jésus est tout-puissant. Et que, tu ne peux rien contre nous.

Ainsi donc, nous pouvons pousser Jésus à intervenir en notre faveur. Car, de manière implicite nous Lui disons écoute Seigneur, cette personne prétend

Qu'elle peut mettre en défaillance le troupeau que Ta main conduit. N'est-ce pas là, un mépris de Ta Personne. Aurait-elle oublié ou ne le sait-elle pas qu'IL ne sommeil, ni ne dort Celui qui veille sur Israël**Cf Psaumes**. Ne laisse pas cette offense impunie. Et remets-laà sa place. Elle est une créature et Toi le Créateur.

II-7) LA JOIE

C’est bien la joie ! Être joyeux, détendu sans inquiétude, rassuré, confiant et prêt à tout faire sans rouspéter. Ne pas voir la vie comme une punition.

Oui ; la joie on la recherche tous. Car, si nos journées semblent souvent très longues, c’est parce que nos activités ou occupations ne nous procurent pas de joie. Mais comment avoir la joie ? C’est l’expérience qui procure la joie. A moins d’avoir, une visitation spéciale du Saint-Esprit.

Moi, je pense qu’il nous faudrait revenir à la Parole. Elle est source de joie. Ô oui ! C’est vrai ! Avec l’expérience, Elle Le devient.

Je crois que j’étais un peu emporté. Mais, je suis revenu à vous. Où en étions-nous. Ah ! Je m’en souviens maintenant au sixième point de notre rubrique sur la Louange. Donc, je dois parler maintenant de la joie.

<<Le Royaume des Cieux (notre Royaume) c’est la paix, la joie, la justice par le Saint-Esprit.>> **Cf Romain 14 :17 (b)**

La joie est inéluctablement un moyen d’exprimer notre louange envers notre Seigneur. Elle annonce un message implicite ou explicite.

Implicite en ce sens qu’elle dit : *Tu peux tout faire, je suis imperturbable. Car, mon Père est au contrôle de tout. Et, comme IL me demande de ne m’inquiéter de rien mais, de Lui faire part de mes requêtes et besoins ; je ne peux que me réjouir d’avance. Car, mon Jésus est fidèle.*

Explicite en ce sens que : *mon Père est intervenu en ma faveur et que cette situation, me réjouit le cœur ou l’âme. Et de ce fait, IL m’a enlevé une épine sur mon côté. Ma joie provient de Son intervention.*

Regardons ensemble quelques passages que j’ai relevés avec l’aide du Saint-Esprit.

Psaumes 95 :1-2*<<Allons acclamer l’Eternel ! Lançons une joyeuse clameur vers le Rocher de notre salut. Allons au-devant de Lui pour Le célébrer avec des psaumes. Lançons vers Lui une joyeuse clameur. Car l’Eternel est un grand Dieu.>>*

Psaumes 97 : 10-12<<*Vous qui aimez l'Eternel, haïssez le mal ! Il garde les âmes de Ses fidèles. IL les délivres de la main des méchants. La Lumière est semé pour le juste. Et la joie pour ceux dont le cœur est droit. Justes, réjouissez-vous en l'Eternel et célébrez Son Saint Nom !*>>

Psaumes 89 :2<<*Je chanterai toujours les actes bienveillants de l'Eternel : Ma bouche fera connaître Ta fidélité de génération en génération.*>>

Philipiens 4 :4<<*Réjouissez-vous toujours dans le Seigneur ; je le répète, réjouissez-vous !*>>

II Corinthiens 4 :14<<*Car, tout cela arrive à cause de vous, afin que la grâce, en se multipliant fasse abonder, à la gloire de Dieu, les actions de grâce d'un plus grand nombre.*>>

Jérémie 31 :6-7<<*Car, il est un jour où les gardes crient sur les monts d'Ephraïm : levez-vous montons à Sion. Vers l'Eternel notre Dieu ! Car ainsi parle l'Eternel : Acclamez Jacob avec joie, éclatez d'allégresse à la tête des nations ! Faîtes vous entendre louez, dîtes : Eternel, sauve Ton Peuple, le reste d'Israël !*>>

Psaumes 100 :1-2<<*Lance une joyeuse clameur vers l'Eternel, Terre entière ! Servez l'Eternel avec joie, venez avec des acclamations en Sa présence !*>>

Psaumes 149 :1-3<<*Louez l'Eternel ! Chantez à l'Eternel un cantique nouveau ! Chantez Ses louanges dans l'assemblée des fidèles ! Qu'Israël se réjouisse en Celui qui l'a créé ! Que les fils de Sion soient dans l'allégresse à cause de leur Roi ! Qu'ils louent Son Nom avec des danses. Qu'ils Le célèbrent avec le tambourin et la harpe.*>>

II-8) LA BEAUTE

Je Te loue ô Père de ce que je sois si beau! La beauté qu'est-ce que c'est ? C'est l'éclat que l'on dégage et qui fait en sorte que nous soyons remarqués. Mais l'éclat émane de l'homme intérieur. C'est cette pureté de l'âme, l'innocence d'un petit enfant, cette simplicité qui nous habite, au-delà de l'aspect extérieur.

<<*Nous qui contemplons le Seigneur comme devant un miroir, nous sommes transformées de gloire en gloire par le Saint-Esprit.*>>**Cf.**

Actuellement, je suis amoureux. De Jésus, je le suis depuis 2009. J'ai rencontré une sœur en qui je me vois bien vivre sur Terre toute la vie par la grâce de Dieu. Elle se prénomme .... Oh ! Mais ce sont des confessions ça ! Oui, et elle ne me laisse pas indifférent. Je crois qu'il n'était pas bon que je sois seul. Et Jésus a permis que je fasse cette rencontre. Et là je pense beaucoup mariage.

Je vous fais rêver on dirait. C'est beau le mariage. Bon la pause est consommée.

Maintenant, voyons notre dernier point en ce qui concerne les rubriques de la Louanges.

Mathieu 13 :45-46 <<*Le Royaume des Cieux est encore semblable à un marchand qui cherche de belles perles. Ayant trouvé une Perle de grand prix, il est allé vendre tout ce qu'il avait, et l'a acheté*>>**NVSR.**

Mais quelle est cette Perle de si grand prix ? Ô mais c'est Jésus ! Quand, IL se révèle à vous dans Sa majesté, sainteté, grandeur, magnificence, vous l'aimez encore plus. Mais aussi, des mots qui sont l'expression de votre cœur remplissent votre bouche. Et vous pouvez dire :<<*Qui est comme Toi Eternel magnifique en sainteté.* >>**Exode 15 :11**

Car, vous avez eu la révélation de Sa beauté. Disons que la Louange est graduelle.

Voyons à présent par ces exemples qui suivent ce que je viens de dire.

Cantiques 5 :8<<*Je vous en conjure fille de Jérusalem, si vous trouvez mon Bienaimé que Lui direz-vous ... ? Que je suis malade d'amour.*>>**NVSR**

Psaumes 45 :3 <<*Tu es le plus beau des fils de l'homme. La grâce est répandue sur Tes lèvres : C'est pourquoi Dieu T'a béni pour toujours.*>>**NVSR**

Psaumes 45 : 12<<*Le Roi porte Ses désirs sur ta beauté.*>>**NVSR**

Psaumes 8 :2<<*Eternel, notre Seigneur ! Que Ton Nom est magnifique sur toute la Terre ! Toi qui établis Ta majesté au-dessus des Cieux.*>>**NVSR**

Psaumes 50 :2<<*De Sion beauté parfaite Dieu resplendit.*>>**NVSR**

Mathieu 6 :9<<*Que Ton Nom soit sanctifié*>>**NVSR**

Proverbes 18 :10<<*Le Nom de l'Eternel est une tour forte ; le juste y court et s'y trouve hors d'atteinte*>>**NVSR**

I Samuel 2 :2<<*Nul n'est saint comme Toi.*>>**NVSR**

Exode 15 : 11<<*Qui est comme Toi parmi les dieux. Ô Eternel ? Qui est comme Toi magnifique en sainteté.*>>**NVSR**

Job 37 : 22(b)<<*Oh ! Que la majesté de Dieu est redoutable*>>***NVSR***

Psaumes 27 :4<<*Je demande à l'Eternel une chose, que cherche ardemment. Habiter toute ma vie dans la maison de l'Eternel, pour contempler la magnificence de l'Eternel et admirer Son temple*>>**NVSR**

Psaumes 93 : 1<<*L'Eternel règne, IL est revêtu de majesté.*>>**NVSR**

Psaumes 93 :5<<*La Sainteté convient à Ta maison, Ô Eternel ! Pour toute la durée des temps*>>**NVSR**.

ESAIE 6 : 3(b)<<*Saint, saint, saint est l'Eternel des armées ! Toute la Terre est pleine de Sa gloire*>>**NVSR**

Exprimer de telles phrases à notre Seigneur, revient à Lui dire : Tu es l'objet de toute mon attention. Et personne ne me ravi le cœur, si ce n'est Toi. Ta place n'est pas à discuter. Tu es Celui qu'il me fallait. Waouh ! Imaginez Jésus vous écouter. Quelle marque de considération. Assurément, une seule chose Lui reste à faire : vous dire, pour rien au monde, Je ne me séparerai d'un tel frère qui me préfère de tout son cœur. Donc, J'interviens maintenant. Et, Je fais cesser les combats. Je vous le livre entre ses mains ; au pouvoir de sa bouche.

Avec une telle opportunité, je ne me ferais pas prier. Je le sanctionnerai devant le Tribunal divin pour violation de territoire. Destruction caractérisé de tout ce qui m'appartient. Blocage et retard à tous les niveaux. Plusieurs tentatives d'assassinats mystiques, trois accidents de voitures, sécheresses à tous les niveaux, vols de mes temps d'intimités, méditations, et perte de mémoire. Je relâcherai la tempête de Dieu sur lui.

D'ailleurs, qu'il en soit ainsi dans le Nom de Jésus !

Avoir une grande grâce c'est intéressant. Cela vous permet de connaître dans la profondeur le Seigneur Jésus. Et donc, de mieux Le révéler. Seulement, les ennemis sont multipliés. Et, là je faisais l'inventaire de toutes les difficultés par lesquelles je suis passé. Bon, jel'admets j'ai oublié expressément certaines. Néanmoins, l'Ordre divin est revenu.

Ne soyez pas effrayés, <<*Nous sommes plus que vainqueur par Celui qui nous a aimé.* >>**Romains 8 :37.**

Mais aussi : <<*Ce qui est né de Dieu triomphe toujours du monde. Or ce qui triomphe du monde c'est notre foi.*>>**Cf I Jean 5 :4.**

De plus, <<*Celui qui habite en nous est plus grand que celui qui est dans le monde.*>>

Au fait, on a terminé en ce qui concerne les rubriques de la Louange. Je comprends alors que, vous attendez la définition de la Louange. Ce qui va de soi, on ne parle que de ce dont on a connaissance. **Cf Jean 3 :11.**

III- LA LOUANGE

III-1 Définition de la louange.

La Louange est donc, la fierté que l'on éprouve d'appartenir à Jésus. Elle est la joie qui nous remplit alors que nous pensons à Ses exploits au-travers des vases que nous sommes. Elle est l'assurance qu'IL est pour nous. Et que rien ne pourra nous arriver qu'IL ne contrôle la situation. Elle est la reconnaissance qui nous remplit de bénéficier de Sa grâce ; de la grâce du Seigneur Jésus dans nos vies. Elle est la confiance qui nous anime de connaitre Sa fidélité. Et donc, de se rire du présent et de se réjouir d'avance de l'avenir. Elle est le témoignage puissant de la grandeur du Seigneur Jésus, l'espérance du malheureux.

Chaque mot a un sens et sa place. Lisez-les calmement.

Si dans votre cœur se trouve cette fierté, cette joie, cette reconnaissance, cette confiance, d'appartenir à Jésus, Si dans votre cœur on y retrouve cette fidélité et cette espérance en Jésus, Si dans votre cœur on y retrouve le témoignage de Sa grandeur ; c'est que vous êtes un homme ou une femme prêt à Le louer.

<<*Car, la Louange convient aux hommes ou femmes aux cœurs purs et droits.*>>**Cf Psaumes**

Il vous faut être avant tout fier de Jésus Notre Seigneur pour Le louer. Car, le prince de ce monde n'a aucune chose qui s'apparente en cela en lui Cf .

Dès lors si vous êtes chantre vous êtes un vrai adorateur aux yeux du Père. Car,

<<*L'heure vient et elle est déjà venue, où les vrais adorateurs adoreront le Père en esprit et en vérité ; car ce sont là les adorateurs que le Père demande.*

Dieu est esprit, il faut que ce qui L'adorent, L'adorent en esprit et en vérité.>>**Cf Jean 4 :22-23.**

Car, si la Louange ne s'inscrit pas dans les différentes rubriques que nous avons vu, ou dans le même sens elle devient alors contrainte ou forcing. Elle n'est plus Louange ; le cœur et les lèvres sont à des directions opposées.

<<*Ce peuple M'honore des lèvres mais son cœur est éloigné de Moi*>>**Cf Esaïe.**

III-2) La Louange comme cantique.

Evidemment, j'ai voulu éviter d'en parler au tout début, pour une raison : que tout le monde sache que la Louange ne concerne pas uniquement que les chantres. Mais que, tout enfant du Père est censé s'y exercé.

Car, lorsque l'on parle de chantre, on parle d'un Ministère ; d'un service que l'on rend continuellement devant la Face du Père, de Jésus, par l'aide du Saint-Esprit, pour sa seule gloire. Souvent aussi, en faveur des saints.

Car, << *Il est dit : Etant monté dans les hauteurs, IL a emmené des captifs, Et IL a fait des dons aux hommes.* >>**Ephésiens 4 : 8Scofield 1996**. En d'autres termes, il y a des hommes et des femmes voire enfants que Jésus a décidé qu'ils ne feront pas autres choses que le servir dans le Temple (Eglise). << *Tous ces dons ont été accordés pour le perfectionnement des chrétiens afin qu'ils soient tous convenablement équipés pour leur service et que chacun soit rendu capable d'exercer son ministère en vue de la formation du Corps du Christ* >>**Ephésiens4 :12 Parole Vivante.**

Donc, tout service qui se fait continuellement devant la Face du Père pour glorifier Jésus est un Ministère. Car, **Ephésiens 4 :10-11**<<*Celui qui est descendu, c'est le même qui est monté au-dessus de tous les Cieux, afin de remplir toutes choses.*

Et, IL a donné les uns comme apôtres, les autres comme prophètes, les autres comme évangélistes, les autres comme pasteurs et docteurs.>>**Scofield 1996.**

Toutefois, on fera une distinction de Ministère. C'est-à-dire qu'il y a des ministères d'édifications qui servent à bâtir des vies ; changer les mentalités, à renouveler les intelligences des saints. Et d'autres qui servent à, une meilleure organisation de l'Eglise (Le nettoyage, la décoration, l'aumônerie etc..).

Ainsi donc, en ce qui concerne le ministère de chantre, le chant sinon le cantique est le support que le chantre utilise ou utilisera le plus, pour louer Jésus.

Psaumes 33 :3<<*Chantez-Lui un cantique nouveau ! Faites retentir vos instruments et vos voix* >>**Scofield 1996.**

Psaumes 95 :2-3<< *Allons au-devant de Lui avec des louanges, Faisons retentir des cantiques en Son honneur !*

Car, l'Eternel est un grand Dieu, IL est un grand Roi au-dessus de tous les dieux. >>**Scofield 1996**

Ce qui explique que beaucoup de vous se trouve plus à chanter (Louer Jésus) Plutôt qu'à prier. Mais, chaque chose dans Notre Royaume, le Royaume des Cieux a un but. Ce qui signifie que, chacun utilisera selon le besoin ressentit la Louange ou la prière.

Saint-Esprit :

Nous avons donné la définition de la Louange et expliqué ce que l'on entend par le Ministère de chantre. Je voudrais enlever le voile sur le mystère qui entoure la Louange. Me permettez-vous ?

Moi : Of course Holy ghost ! Enseigne-nous !

D'abord sachez que, tout dans la vie à un sens. Le Père a fait toutes choses pour un but. **Cf Proverbes16 : 4.** Donc, la Louange a un but que ce soit dans les Cieux, ou sur la Terre.

Alors là, Je vois déjà une personne qui me dit vas y parle, on veut savoir. Donc, je vais exaucer cette requête. Nous allons commencer par le Ciel et terminer par le Terre.

PARTIE 3 :

LE MYSTERE CACHE DE LA LOUANGE DANS LE CIEL ET SUR LA TERRE

IV) LE MYSTERE CACHE DE LA LOUANGE DANS LE CIEL ET SUR LA TERRE.

IV-1) DANS LE CIEL

Un long dialogue s'en tient. La Louange dans le Ciel est bien différente de ce que, les hommes peuvent s'imaginer sur la Terre. Elle n'est pas le produit des difficultés rencontrées au quotidien. Elle est plutôt, la découverte de l'immensité de Dieu ; de Son infini grandeur, Sa gloire, Sa majesté, Sa sagesse, Son intelligence, Sa toute-puissance.

Elle est cet étonnement de savoir comment cela a pu être possible ? Alors une intuition traverse la personne et, elle comprend et s'écrie <<*A Celui qui est assis sur le Trône, et à l'Agneau, soient la Louange, l'honneur, la gloire, et la force aux siècles des siècles.*>>**Apocalypse 5 :13**

Elle est cette rencontre que Je fais avec chacune de Mes créatures ; le moyen par lequel, Je les nourris. **Mathieu4 :4***L'homme ne vivra pas seulement de pain. Mais, de toute parole qui sort de la bouche de Dieu.*Elle les connecte à Moi. Mais aussi, laisse couler la Vie du Saint-Esprit dans tout le Royaume : *La paix, la joie, la justice* **Cf Romains 14 :17 (b).**Elle symbolise, Mon autorité dans toute la Création. Elle affirme que toutes choses soit les invisibles, que les visibles ont été faîtes en Moi, par Moi et pour Moi.

Moi : Est-ce tout Père ?

Père : Non, Mon fils, il y a plusieurs autres points que J'ai envie de partager avec toi.

Moi : Il n'y a pas de problème, Te connaître est mon plus grand plaisir.

Père : Les points que Je veux partager avec toi sont les suivants :

- ✓ Pourquoi la Louange n'a pas de fin dans Notre Royaume ?
- ✓ Quelle est l'impact de la Louange sur Ma Personne ?

Moi : Ok ! Je suis à Toi Père.

Père : Répondons maintenant à la première interrogation.

Pourquoi la Louange n'a pas de fin dans Notre Royaume ?

Tu remarqueras que J'ai dit dans Notre Royaume. Et pas dans Mon Royaume, c'est pour que tu saches que ta demeure n'est pas sur la Terre ou en Enfer. Mais, auprès de Moi, chez toi. Et que tu devrais, t'impliquer non dans l'œuvre de Dieu qui sous-entend qu'en réalité tu as peur de Moi. Mais plutôt, dans les affaires de Ton Père. Car tu es co-héritier avec Jésus.

Luc 2 : 49 (b)<<*Ne saviez-vous pas qu'IL faut que Je M'occupe des affaires de Mon Père ?*>>**Scofield 1996**

I Jean 4 :18<<*Dans un véritable amour, il n'y a pas de place pour la crainte, car l'amour vrai chasse toute trace de crainte. En effet, la crainte suppose l'idée d'une culpabilité et la perspective d'un châtiment. Celui qui vit dans la peur (du jugement) montre par-là que l'amour n'a pas encore atteint en lui son parfait développement*>>**Parole Vivante**

Bien comme vous l'avez déjà reçu par le témoignage de vos frères, et sœurs, qui ont reçus la grâce de visité le Royaume, avant les noces de votre grand Frère Jésus ; la Louange n'a pas de fin dans le Ciel. C'est pour un but bien précis que Je L'ai fait : donner à tous cette opportunité de se réjouir pleinement en Moi. De ne jamais voir passer les siècles, les millénaires, l'éternité. De ne pas s'ennuyer en Ma Présence. C'est ce que vous rapporte Mon bienaimé David :<< Fils d'Isaï, Parole de l'homme haut placé, De l'oint du Dieu de Jacob, Du chantre agréable d'Israël >> **(II Samuel 23: 1)**<<*Mieux vaut, un jour dans Tes parvis que mille ailleurs ; je préfère me tenir sur le seuil de la Maison de Mon Dieu…*>> ;**Psaumes 84 :11**

C'est un moyen d'épanouissement, pour tous ceux qui s'y trouvent (au Ciel) au-dessus de toutes autres activités. Non pas qu'ils ne peuvent pas exercer autre chose. Mais, ils le font dans un climat de joie, d'amour, de paix, de justice … Oh ! Pour l'instant il t'est difficile d'imaginer cette atmosphère. Mais, Je te comprends, la Terre est devenu un brouillon. Voilà pourquoi il est difficile d'imaginer le Ciel. Et même votre imagination ne saurait se rapprocher du Ciel.

Comment peux-tu t'imaginer que de toute éternité les anges se prosternent devant Moi et M'adorent. Et qu'ils ne se lassent pas. C'est à cause du fait, qu'ils trouvent leur épanouissement dans la Louange et l'adoration.

Apocalypse 4 :8<<*Les quatre êtres vivants ont chacun six ailes, et ils sont remplis d'yeux tout autour et au-dedans. Ils ne cessent de dire jour et nuit :*

Saint, saint, saint est le Seigneur Dieu, le Tout-Puissant, qui était, qui est, et qui vient.>>

Tu remarqueras également, qu'à chaque fois que tu te prêtes à la Louange, tu es épanoui. Et arrive à affronter ton quotidien sans rouspéter.

*<<Je bénirai le Seigneur et Sa Louange sera toujours dans ma bouche.>>***Cf Psaumes**

Moi : Il y a quelque chose que je désire, c'est de visité le Ciel, rencontré Jésus. Et voir, toute l'organisation derrière le ministère de Louange et d'adoration.

Père : Je sais que tu le veux. Maintenant, patiente un peu. Et cela pourra être possible.

Nous pouvons passer à la deuxième question.

Quelle est l'impact de la Louange sur Ma Personne ?

Humm ! Déjà, il faut dire que Je Me sens bien,heureux et honoré. Mais aussi, plein d'attention sur l'équilibre de toute la Création. *Dieu siège au milieu de la Louange et de l'Adoration de Son Peuple. Cf*

Vous vous étonnez que Je sois heureux !? Je vous comprends. Mais, comprenez aussi que Je vous aime. Donc, de voir mes fils, mes filles et la Création entière porter vers moi leur cœur (Louanges) Me réjouis énormément. N'oubliez pas que Je vous ai fait à Mon Image et à Ma Ressemblance Cf**Genèse 1 :26**. Donc, J'ai une Âme tout comme vous. Je peux prendre plaisir aux éléments que J'ai créés, tout comme vous aussi. D'ailleurs vous remarquerez que si une chose n'est pas conforme à Ma volonté, Je ne prends point plaisir.

Hébreux 10 :38*<<Et Mon juste vivra par la foi ; mais, s'il se retire Mon Âme ne prend pas plaisir en lui.>>***Scofield 1996**

Voilà pourquoi : J'ai donné Jésus Mon Fils, en rançon pour vos vies car, vous avez du prix à Mes yeux

Jean 3 :16 << Oui, Dieu a tant aimé les hommes qu'IL a donné Son Fils, Son unique, pour qu'aucun de ceux qui se confient en Lui ne soit perdu, mais que chacun accède à la Vie éternelle. >>**Parole Vivante**

Une autre question à laquelle, Je voudrais bien répondre, car J'entends souvent dire :

Si Dieu savait que Lucifer désobéirait et deviendrait le Diable pourquoi donc l'avoir créé ?

Rappelez-vous l'enseignement qui vous a été donné plus haut : C'est dans la réponse au questionnement que naît la Louange. Il s'est posé la question de savoir comment, Je faisais pour les avoir à Mon service. Ayant compris cela, (que c'était par le moyen de la Louange au-delà de la programmation) l'iniquité l'habita. Et, il entreprit de corrompre tous les anges.

Ezéchiel 28 : 14-15 << *Tu étais un chérubin protecteur, aux ailes déployées ; Je t'avais placé et tu étais sur la sainte montagne de Dieu ; tu marchais au milieu des pierres étincelantes.*

Tu as été intègre dans tes voies, depuis le jour où tu fus créé jusqu'à celui où l'iniquité a été trouvée chez toi. >>

Lucifer : N'est-ce pas néanmoins Dieu le responsable ?

Père : D'autres anges évidemment ce sont posés cette question. Mais, ils Me sont restés fidèles, après avoir découvert.

Bon, Je te laisse avec le Saint-Esprit pour terminer avec toi, le reste du manuel.

Moi : Nous avons eu la révélation cachée de la Louange dans le Ciel ; des évènements qui s'y sont déroulés pour que nous arrivons à l'Humanité que nous sommes.

Nous avons eu cette grâce d'avoir en notre compagnie, pour cette partie notre Père Bienaimé de qui nous tirons nos noms. IL nous a laissé poursuivre le reste de notre enseignement avec le Saint-Esprit. Donc, joignez-vous à moi pour dire Saint-Esprit enseigne-nous.

Saint-Esprit : Ok ! Soyez attentif.

Avez-vous remarqué très peu de chantre parvienne à atteindre ce niveau de grâce et de gloire qui est attaché au Ministère de chantre. Evidemment, Satan, sait la révélation qu'il y a derrière la Louange. C'est ce qui explique, qu'il s'applique à distraire mes collaborateurs (Chantres). Donc, il vous faut la Lumière, sur ce ministère. *Vous connaîtrez la Vérité, vous la comprendrez et, la Compréhension que vous aurez fera de vous des hommes libres.* **Cf Jean8 :32.**

Comprenez par cela, qu'il ne faut pas négliger l'appel au Ministère de chantre. Trop de vies sont attachées à vos appels. Suivez bien ce qui va êtreexpliqué.

IV-2) LA REVELATION CACHEE DE LA LOUANGE SUR LA TERRE.

Bien avant d'étudier la révélation cachée derrière, la Louange sur la Terre, j'aimerai vous dire quelque chose. Cela fait peut-être deux ans (au moment de l'écriture du livre) que je n'ai pas un emploi. J'ai essayé de trouver une bricole avant, l'écriture de ce livre. Et, le Seigneur m'a demandé d'arrêter cette bricole, pour achever l'écriture de ce livre. Et, je l'ai fait.

Je voulais vous le partager afin que, vous sachiez, qu'il y a des œuvres qui peuvent sembler être légitime à nos yeux. Mais, dans la volonté du Seigneur, elles ne sont que désobéissance. Voyez donc, combien Jésus tient à ce que vous soyez en possession de ce livre. C'était bon que je vous dise cela.

LA LOUANGE SUR LA TERRE

La Louange a un impact, considérable sur la vie des hommes sur la Terre. Elle est le parfum de Christ qui se répand sur la Terre entière (Parfum de Vie).Qui transforme un lieu en un camp de Dieu, lorsqu'elle est régulièrement exprimer en ce lieu.

Déjà, je voudrais rentrer dans des explications plus profondes. Donc, suivez-moi.

a) Création de l'homme :

Dans le Livre de **Genèse 1 :1-2** il est dit :

<<Au commencement Dieu créa le Ciel et la Terre. La Terre était informe et vide ; il y avait des ténèbres à la surface de l'abîme, mais l'Esprit de Dieu planait au-dessus des eaux.

*Dieu dit que la Lumière soit ! Et la Lumière fut>>***NVSR**

*<<Dieu vit que la Lumière était bonne, et Dieu sépara la Lumière d'avec les ténèbres. Dieu appela la Lumière jour et les ténèbres nuit. Il y eut un soir et il y eut un matin : ce fut un jour.>>***Genèse 1 :4-5**

Je vais commencer. Nous avons déjà évoqué l'évènement spécial qui se produisit dans le Ciel ; la désobéissance de Lucifer, que Michel et ses anges combattirent le dragon et ses démons. Mais, il ne fut pas le plus fort, et il ne se trouva plus de place pour eux dans le Ciel. Il fut précipité, le grand dragon, le serpent ancien, appelé le diable et Satan. Celui qui séduit la Terre habitée, il fut précipité sur la Terre et ses anges avec lui. Cf **Apocalypse 12 :7-9.**

Bien !

Revenons, maintenant dans le livre de **Genèse1 :2**<<*La Terre était informe et vide ; il y avait des ténèbres à la surface de l'abîme. Et, l'Esprit de Dieu planait au-dessus des eaux.*>>. Ce verset est révélateur de plusieurs mystères, et nous permet de comprendre l'action du Saint-Esprit. Il y a deux mots qui nous intéressent ***Ténèbres et abîmes***.Et, nous voyons que ***Ténèbres*** prendle sens de ***Anges déchus.*** Et qu'***Abîme*** signifie ***Cratère profond voire sans fin.***Donc, Enfer.

Après, la précipitation de l'ennemi sur la Terre, il fut envoyé, lui et ses anges dans cet endroit qui est l'enfer. Et qui lui, fut ouvert par la puissance de notre Seigneur. Dieu appelle, les choses qui n'existent pas à l'existence comme si elles existaient. Mais, dans cette ouverture une passerelle fut créée entre la Terre et l'Enfer. Avec la destruction de la planète Terre (*Informe et vide)*. Ce qui explique, qu'il y avait une vie antérieure à celle des hommes sur cette planète. Notamment, les dinosaures et ce que la science a pu découvrir comme autre espèces.

La Trinité ayant compris que Satan remonterait de cette endroit avec ses anges ; du fait des conditions qu'on retrouve en Enfer. Décida, de descendre sur la Terre, pour mettre en place, le plan de la création de l'homme. Et, de ce fait empêcher les puissances des ténèbres de remonter et de corrompent l'autre partie qui était séparé des Cieux. C'est pourquoi *le Saint-Esprit Se mouvait au-dessus des eaux*. Et qu'IL prit (Trinité) la décision *que la Lumière soit.* Cf **Genèse 1 :2.** En d'autres termes, *que Ma Présence soit, demeure sur cette planète. Il vit que c'était une bonne chose une bonne chose que cela soit ainsi.* Remarquez que la Lumière (Jésus) est le jour **Cf Jean 8 :12**Et que les ténèbres (Satan et ses démons) représentent la nuit (spirituellement). Lorsque, Jésus agit on appelle cette période Jour **cf Jean 9 : 4.** Quand Satan agit, on appelle cette période nuit.

Etant donné que le Ciel est la demeure du Père. Et que Son Trône, s'y trouve, IL ne pouvait pas descendre habiter sur la Terre. Mais, il fallait que la trinité délègue Son autorité à une personne, en l'occurrence à l'Homme. Voici expliquez notre création. Adam échoua et les puissances des ténèbres envahirent la Terre et les airs. **Cf Jean 12 :31**<<*Le prince de ce monde.*>>

Ephésiens 2 :2 <<*Le prince de la puissance de l'air, cet esprit qui agit maintenant dans les fils de la rébellion.*>>**NVSR**

Voilà expliquer cette partie qui était nécessaire à notre compréhension de la Louange sur la Terre.

b) Quel est ce mystère ?

Voici, chaque fois qu'une voix se lève en louange, cela permet de rétablir l'ordre divin des choses comme, Je l'ai disposé au commencement. Déjà une question se pose.

Moi : N'est-ce pas par la Parole que tout est ordonné ?

Cela n'est pas en contradiction, quand nous comprenons que ce qui est né de Moi est vivant. **Cf Jean 3 :6** Et ; si nous nous rappelons la définition de la Louange qui a été donnée. Ses paroles ne viennent pas de manière fortuite. Elles viennent de la Sagesse divine, qui a disposé les évènements dans la vie de la personne pour en tirer gloire et louange. Donc, la Louange inspirée est la Parole. La Parole mis dans l'esprit de l'homme, qui remplit son cœur, et qui sort des lèvres pour atteindre un objectif.

C'est un cri d'appel, à la Seigneur de Jésus sur la Terre. Nous avons déjà expliqué les rubriques de la Louange. Et nous avons vu que Satan, le prince de ce monde et de l'air a envahi la Terre, la Mer et le reste de la Création. Et vous voyez, qu'il est écrit <<*Car la Création a été soumise à la vanité non de son gré, mais à cause de celui qui l'y a soumise. Avec une espérance cette même Création sera libérée de la servitude de la corruption, pour avoir part à la liberté des enfants de Dieu.*>>**Romains 8 : 20-21 NVSR.**

Donc, elle crie au Seigneur de l'Univers, à Jésus en disant : regarde, il y a trop de désordre parmi nous. Il n'en était pas ainsi, lorsque Tu créas toutes choses cf **Proverbes 8 : 22-31**. Viens à nouveau régner sur nous. Et, rétablir l'ordre divin dans nos vies. Pour que nous ne soyons pas sous un joug autre que le tiens. Car, Ton fardeau est doux et léger. Et nous trouverons tous du repos. **Cf Mathieu 11 : 29-30**. C'est pourquoi aussi, Jésus dans les jours de Sa chair, nous a enseigné cette prière *Notre Père qui es aux Cieux ! Que Ton Nom soit sanctifié ! Que Ton règne vienne.* **Mathieu 6 :9-10 NVSR.**

Car, Jésus Lui-même nous L'a fait implicitement savoir : *Vos problèmes sur la Terre, viennent du fait que Mon Nom n'est pas sanctifié au milieu de vous. Donc, que vous devez rectifier cela. Et, Mon règne sera manifesté sur la Terre comme au Ciel.* ***Jésus.***

La Louange faite par des fils et, tout un peuple rétablit l'ordre des choses. Elle expulse le prince de l'air de loin de cette zone. Rétablit la Seigneurie de Jésus sur la vie des personnes qui s'y exercent. Elle fait descendre le conseil divin sur la Terre. **Psaumes 22 :4** *Tu es le Saint, Tu sièges au milieu des louanges d'Israël.* Pour l'intervention de Jésus dans le quotidien de Son peuple.

Voilà pourquoi, lorsque David Mon bienaimé comprit les avantages pour lui de M'avoir à ses côtés, d'avoir constamment Ma Présence agissante et opérante, il organisa et structura le Département chantre d'Israël.

I Chroniques 25 : 1-7<<*David et les chefs de l'armée mirent à part pour le service ceux des fils d'Asaph, d'Héman et de Jeduthun qui prophétisaient en s'accompagnant de la harpe, du luth et des cymbales. Et voici le nombre de ceux qui avaient des fonctions à remplir.*

Des fils d'Asaph :Zacur, Joseph, Nethania et Aschareéla, fils d'Asaph, sous la direction d'Asaph, qui prophétisait suivant les ordres du roi.

De Jeduthun, les fils de Jeduthun :Guedalia, Tseri, Esaie, HaschabiaMatthithia et Schimei, six, sous la direction de leur père Jeduthun qui prophétisait avec la harpe pour louer et célébrer l'Eternel.

D'Héman, les fils d'Héman : Bukija, Matthania, Uziel, Schebuel, Jerimoth, Hanania, Hanani,Eliatha, Guiddalthi, Romamthi-Ezer, Joschbekascha, Mallothi, Hothir, Machazioth,

Tous fils d'Héman, qui était voyant du roi pour révéler les paroles de Dieu et pour exalter Sa puissance ; Dieu avait donné à Héman quatorze fils et trois filles.

Tous ceux-là étaient sous la direction de leurs pères pour le chant de la Maison de l'Eternel, et avaient des cymbales, des luths et des harpes pour le service de la Maison de Dieu. Asaph, Jeduthun et Héman recevaient les ordres du roi.

Ils étaient au nombre de deux cent quatre-vingt-huit, y compris leurs frères exercés au chant de l'Eternel, tous ceux qui étaient habiles. >>**Scofield 1996**

Car, la Louange est le rappel quotidien, au Père que vous êtes sur Terre. Et, qu'IL est votre Source, ma Source.

Et un autre ange vint se placer sur l'autel ; il tenait un encensoir d'or. On lui donna beaucoup de parfums pour les offrir, avec les prières des tous les saints, sur l'autel d'or devant le Trône. La fumée des parfums monta avec la prière des saints de la main de l'ange devant Dieu. **Apocalypse 8 :3-4.**

Mot de Fin

Je veux tout d'abord rendre grâce à Jésus qui m'a vraiment bousculé pour que j'écrive ce livre. En ce sens, qu'IL m'ait montré Sa volonté. On a fait un petit arrangement Lui et moi.

Je Lui rendségalement grâce d'avoir permis que la jeune sœur avec laquelle, je me propose de fondé ma famille, me pousse à publier mes livres. Pour l'avènement du règne de Jésus sur la Terre. Non pas que je ne l'aurai pas fait. J'aurai attendu que plusieurs choses se produisent d'abord.

Et je veux rendre toute la gloire au Seigneur Jésus pour ce livre ! Merci Saint-Esprit ! Merci Père !

Vive le Seigneur Jésus-Christ ! Vive le Royaume des Cieux ! Vive le règne tout-puissant du Père ! Vive le Saint-Esprit ! Vive l'espérance du juste, Jésus notre Seigneur et notre Dieu !

Bonne progression à tous !

TABLE DE MATIERES

Partie 3 : Le Mystère caché de la Louange dans le Ciel et sur la Terre.

Printed by Books on Demand GmbH, Norderstedt / Germany